Estudos da CNBB – 102

Coleção **ESTUDOS DA CNBB**

01. *Espiritualidade presbiteral hoje** • 02. *Igreja e política – Subsídios teológicos** • 03. *Comunidades: Igreja na base** • 04. *Pastoral carcerária** • 05. *A pastoral vocacional – Realidade, reflexões e pistas** • 06. *Igreja e educação** • 07. *A família – Mudança de caminhos** • 08. *Pastoral do dízimo* • 09. *Pastoral da saúde** • 10. *Pastoral social** • 11. *Pastoral da terra I** • 12. *Estudo sobre os cantos da missa** • 13. *Pastoral da terra II – Posse e conflitos** • 14. *Educação religiosa nas escolas** • 15. *Prostituição: desafio à sociedade e à Igreja** • 16. *Conselhos presbiterais diocesanos** • 17. *Com Deus me deito, com Deus me levanto** • 18. *Manual simplificado do trabalhador rural** • 19. *Por uma sociedade superando as dominações** • 20. *Pastoral da família** • 21. *Guia ecumênico** • 22. *Pistas para uma pastoral urbana** • 23. *Comunidades Eclesiais de Base no Brasil – Experiências e perspectivas** • 24. *Subsídios para uma política social** • 25. *O Papa vem ao Brasil** • 26. *Sofrer em Cristo Jesus – Espiritualidade do enfermo** • 27. *Bibliografia sobre a religiosidade popular** • 28. *Pela unidade dos cristãos – Guia ecumênico popular** • 29. *Situação do clero no Brasil** • 30. *Propriedade e uso do solo urbano** • 31. *Cáritas hoje** • 32. *A família e a promoção da vida** • 33. *Liturgia de rádio e televisão* • 34. *Obras sociais da Igreja no Brasil** • 35. *Campanha da fraternidade** • 36. *Guia pedagógico de pastoral vocacional** • 37. *A pastoral das migrações** • 38. *Comissão justiça e paz** • 39. *Colaboração intereclesial no Brasil** • 40. *Situação e vida dos seminaristas maiores no Brasil (I)** • 41. *Para uma pastoral da educação** • 42. *Liturgia: 20 anos de caminhada pós-conciliar** • 43. *Os povos indígenas e a Nova República** • 44. *Pastoral da juventude no Brasil** • 45. *Leigos e participação na Igreja** • 46. *Guia para o diálogo católico-judaico no Brasil** • 47. *Os leigos na Igreja e no mundo** • 48. *Assembleia eletrônica litúrgica** • 49. *O ensino religioso** • 50. *A pastoral vocacional no Brasil: história e perspectivas** • 51. *Orientações para os estudos filosóficos e teológicos** • 52. *Guia para o diálogo inter-religioso** • 53. *Textos e manuais de catequese* • 54. *Migrações no Brasil: um desafio à pastoral** • 55. *Primeira semana brasileira de catequese** • 56. *Evangelização e pastoral da universidade** • 57. *Diaconato no Brasil** • 58. *Para onde vai a cultura brasileira? Desafios pastorais** • 59. *Formação de catequistas: Critérios pastorais* • 60. *Participação popular e cidadania: A Igreja no processo constituinte** • 61. *Orientações para a catequese da crisma* • 62. *A Igreja católica diante do pluralismo religioso no Brasil (I)* • 63. *Educação: Exigências cristãs** • 64. *Diretrizes 1991-1994: Caminhada – Desafios – Propostas** • 65. *Pastoral familiar no Brasil* • 66. *Maçonaria e Igreja: conciliáveis ou inconciliáveis?** • 67. *Santo Domingo – Prioridades e compromissos pastorais* • 68. *A Igreja e os novos grupos religiosos** • 69. *A Igreja católica diante do pluralismo religioso no Brasil (II)* • 70. *Missa de televisão* • 71. *A Igreja católica diante do pluralismo religioso no Brasil (III)* • 72. *Comunicação e Igreja no Brasil* • 73. *Catequese para um mundo em mudança* • 74. *Situação e vida dos seminaristas maiores no Brasil (II)* • 75. *Igreja e comunicação – Rumo ao novo milênio* • 76. *Marco referencial da Pastoral da Juventude do Brasil* • 77. *Missão e ministérios dos leigos e leigas cristãos** • 78. *O hoje de Deus em nosso chão** • 79. *A música litúrgica no Brasil* • 80. *Com adultos, catequese adulta* • 81. *O batismo de crianças – Subsídios litúrgico-pastorais* • 82. *O itinerário da fé na iniciação cristã de adultos* • 83. *Metodologia do processo formativo: A formação presbiteral da Igreja no Brasil* • 84. *Segunda semana brasileira de catequese: Catequese com adultos* • 85. *Pastoral afro-brasileira* • 86. *Crescer na leitura da Bíblia* • 87. *A Sagrada Liturgia 40 anos depois* • 88. *Vida e ministério dos presbíteros* • 89. *A eucaristia na vida da Igreja: Subsídios para o ano da eucaristia* • 90. *"Ide também vós para a minha vinha!" (Mt 20,4) – Temáticas do 2º Congresso Vocacional 2005* • 91. *Ouvir e proclamar a Palavra: Seguir Jesus no Caminho* • 92. *Cáritas brasileira: 50 anos promovendo solidariedade* • 93. *Evangelização da juventude. Desafios e perspectivas pastorais* • 94. *Catequistas para a catequese com adultos: Processo formativo* • 95. *Ministério do catequista* • 96. *Deixai-vos reconciliar: Seminário nacional sobre a reconciliação* • 97. *Iniciação à vida cristã: Um processo de inspiração catecumenal* • 98. *Questões de Bioética* • 99. *Igreja e Questão Agrária no início do século XXI* • 100. *Missionários(as) para a Amazônia* • 101. *A comunicação na vida e missão da Igreja no Brasil* • 102. *O seguimento de Jesus Cristo e a ação evangelizadora no âmbito universitário* •103. *Pastoral juvenil no Brasil: identidade e horizontes* • 104. *Comunidade de Comunidades: uma nova paróquia*

* *Esgotado*

CONFERÊNCIA NACIONAL DOS BISPOS DO BRASIL

O seguimento de Jesus Cristo e a ação evangelizadora no âmbito universitário

PAULUS

© Conferência Nacional dos Bispos do Brasil

2º edição revista, 2013

© PAULUS – 2013
Rua Francisco Cruz, 229
04117-091 São Paulo (Brasil)
Fax (11) 5579-3627
Tel. (11) 5087-3700
www.paulus.com.br
editorial@paulus.com.br

ISBN 978-85-349-3614-9

APRESENTAÇÃO

É com satisfação que *lhes escrevemos estas coisas para estarmos em comunhão com vocês e para que a nossa alegria seja completa* (cf. 1Jo 1,4). Este subsídio, que hoje apresentamos, nasceu da reflexão, caminhada e busca de comunhão de todos aqueles que, desde 2007, dialogam e se irmanam no Setor Universidades da Comissão Episcopal Pastoral para a Cultura e Educação. A todos o nosso mais profundo agradecimento.

O Setor Universidades, criado em 2007 para incentivar, pensar e articular a ação evangelizadora no meio universitário, abriu um caminho de diálogo e comunicação com todos aqueles que realizam alguma iniciativa evangelizadora neste meio: movimentos eclesiais, pastorais universitárias diocesanas e das instituições de Ensino Superior confessionais ou não, públicas ou privadas, paróquias e capelanias universitárias. Com o objetivo de estabelecer linhas gerais comuns à nossa ação evangelizadora no âmbito universitário, representantes desses segmentos se reuniram, a cada ano, para refletir a especificidade da nossa presença como Igreja na universidade.

Três encontros se sucederam para chegarmos a este texto, resultado do caminho percorrido. O primeiro, em junho de 2010 no Santuário Nacional de Aparecida, durante a reunião da Comissão Episcopal Pastoral para a Cultura e Educação; o segundo, em janeiro de 2011 na cidade de Curitiba. Em junho de 2012, realizou-se, em Belo Horizonte, o terceiro encontro que contribuiu para adequar as reflexões às Diretrizes Gerais da Ação Evangelizadora da Igreja no Brasil. Um pequeno grupo representativo fez as correções finais e apresentou à Comissão Episcopal Pastoral para a Cultura e Educação, reunida em Brasília, em outubro de 2012. Todos os encontros tiveram a marca de uma profunda experiência de comunhão e construção, conjuntam um divisor de águas na história da Pastoral Universitária.

Estas páginas pretendem ser um passo para incentivar e promover nossa presença no meio universitário. Numa perspectiva de comunhão eclesial, com a colaboração de todos, muitos outros passos ainda deverão ser dados. Mas, por enquanto, esperamos que este instrumento já seja uma ajuda e um encorajamento para aqueles que decidiram iniciar uma experiência mais organizada e articulada da ação evangelizadora no meio universitário, indicando e sugerindo linhas de ação e propostas de trabalho que respeitem a pluralidade de cada realidade.

Agradecemos a todos aqueles que, durante anos, no silêncio e na invisibilidade, plantaram a semente, regaram-na com a sua doação e entrega ao estudo e envolvimento da comunidade acadêmica no projeto de pastoral *"sabendo que é Deus quem faz crescer"* (1Cor 3,7). Esperamos estar diante do novo tempo de uma Pastoral Universitária reunida e organizada, que se abre ao diálogo e à comunhão com a cultura e a intelectualidade, formando novas lideranças que na sociedade contribuam na construção de um mundo mais justo e fraterno.

Pedimos que "Aquele que iniciou em nós esta obra a leve a termo em nome de Cristo Jesus" (Fl 1,6).

Dom Joaquim Giovani Mol Guimarães
Presidente da Comissão Pastoral para a Cultura e Educação

INTRODUÇÃO

Tarefa de grande importância é a formação de pensadores e pessoas que estejam em níveis de decisão, evangelizando, com especial atenção e empenho, os "novos areópagos". Um dos primeiros areópagos é o mundo universitário. Uma consistente pastoral universitária é necessidade em quase todas as Igrejas Particulares. Quanto mais nos empenharmos em conscientizar e capacitar nossos leigos a partir de sua própria profissão, no empenho do diálogo fé e razão, estaremos animando sua vocação no mundo e, consequentemente, auxiliando na melhoria da sociedade.[1]

1. O momento atual mostra aos cristãos, como tarefa de fundamental importância, a necessidade de formar cristãos conscientes e bem preparados no plano cultural e intelectual, capazes de discernir e encontrar os caminhos de realização da pessoa e da construção do bem comum. Homens e mulheres novos, protagonistas nos diversos níveis de decisão, capazes de ter uma postura ética e de anunciar, pelo testemunho, o evangelho de Jesus Cristo nos "novos areópagos". Destaca-se, dentre esses, o complexo âmbito[2] universitário. Como ser presença eclesial nesse contexto tão singular?

---

[1] CNBB. *Diretrizes gerais da ação evangelizadora da Igreja no Brasil, 2011-2015*, n. 117.

[2] Por "âmbito universitário" entendemos, aqui, o conjunto das relações que envolvem as Instituições de Ensino Superior (IESs). O termo "universitário" é usado em sentido analógico, pois na sociedade de hoje não é possível, nem desejável, excluir desse ambiente as escolas técnicas superiores. O termo "âmbito" não se restringe às instituições, nem aos corpos docentes, discentes e administrativos das mesmas, mas inclui o campo da cultura acadêmica, as produções, as ideias e os saberes nascidos dentro ou em torno das IESs. Neste sentido, a evangelização do âmbito universitário deve considerar também as políticas educacionais e mesmo a política em geral, na medida em que tem relação com

2. A vocação própria da Igreja é evangelizar,[3] despertando o processo de transformação da pessoa a partir do encontro com Jesus Cristo. As palavras e gestos do Mestre provocam a conversão e suscitam o desejo de seguir o "Caminho".[4] A tarefa de evangelização torna-se sempre mais efetiva à medida que chega a tocar o cerne mais profundo das culturas, proporcionando uma experiência sólida desse encontro com Cristo e oferecendo um novo horizonte e rumo definitivo à vida.[5]

3. Motivados pelo Espírito, seguindo o chamado à nova evangelização e na busca de concretizar o mandamento do amor ao próximo, assumimos a missão e o desafio do diálogo com as culturas no ambiente universitário. Esse ambiente, por sua natureza, tem importância fundamental na missão da Igreja, em virtude de seu papel no mundo da cultura, na formação das mentalidades e na formação de profissionais.

4. A universidade é o lugar da pergunta, da reflexão e da busca de sentido. É espaço privilegiado para a descoberta e a vivência da vocação profissional. A presença da Igreja nesse ambiente é necessária e importante para acompanhar a comunidade universitária nesse tempo de estudo, trabalho, pesquisa e extensão. A presença ética, criativa, acolhedora, fraterna e servidora na comunidade universitária faz a diferença, numa sociedade cada vez mais marcada pela redução da razão a mero fator instrumental, produtor de ciência e de tecnologia, indiferente às ameaças e à dignidade da pessoa humana ou à destruição do planeta. A Pastoral Universitária, com cristãos comprometidos

---

o Ensino Superior e sua irradiação. É o "mundo do Ensino Superior" e de sua presença na sociedade (Doc. n. 53 da CNBB, ano 1985).
[3] PAULO VI. *Evangelii Nuntiandi*, n. 14.
[4] Jo 14,16: "Eu sou o Caminho, a Verdade e a Vida". Os primeiros cristãos foram chamados de seguidores do Caminho. E assim, em At 9,2, Paulo é autorizado a "levar presos para Jerusalém os seguidores do Caminho que encontrasse".
[5] BENTO XVI. *Deus caritas est*, n. 1.

com os valores do Evangelho, a partir da sabedoria contida na Palavra Revelada, sente-se chamada a abrir novos horizontes para a razão e a ciência e despertar novas fontes de sentido para a vida de estudantes, professores e funcionários.

O que é a Pastoral Universitária? O que pretende?

5. A Pastoral Universitária é a ação evangelizadora da Igreja no âmbito universitário, coordenada e em comunhão com o bispo diocesano. É uma pastoral de fronteira, âmbito privilegiado do diálogo da Igreja com a cultura, com o mundo acadêmico e com as perguntas existenciais de estudantes, professores e funcionários. Esse diálogo se estende a todos, pois a universidade é um lugar importante para as transformações da sociedade e do pensamento. Sem a presença da Pastoral Universitária, a Igreja perde tanto a oportunidade de fecundar tal espaço quanto de enriquecer-se com o diálogo e os questionamentos próprios do âmbito universitário, perdendo paulatinamente a sua relevante incidência cultural.

6. Sua missão é evangelizar o mundo universitário a partir de Jesus Cristo, construindo comunidade eclesial nesse âmbito, colaborando para formar profissionais que vivam a alegria do encontro com Ele e que, seguindo os valores do Evangelho e os ideais do Reino de Deus, sejam promotores de um mundo justo e solidário para todos.

7. A Pastoral Universitária pode acontecer dentro de uma Instituição de Ensino Superior Católica ou não, quer sejam públicas ou privadas. Sua ação evangelizadora pode ser desenvolvida por meio de:

- Uma Pastoral ligada diretamente à diocese/arquidiocese, com um assessor ou coordenador, que realiza as atividades nas Instituições de Ensino Superior ou reúne os interessados nas paróquias.

- Paróquia universitária[6] e capelanias universitárias, onde padres e leigos trabalham a serviço da comunidade universitária no espaço geográfico da Instituição de Ensino Superior ou no espaço geográfico da diocese/arquidiocese, para atendimento das pessoas ligadas a esses ambientes.
- Centros e núcleos culturais ou semelhantes, voltados para o diálogo fé e cultura.
- Grupos de convivência e experiências, formados por participantes de movimentos e comunidades que atuam no meio universitário, bem como grupos orientados por congregações ou Institutos de Vida Consagrada.
- Serviços e atividades realizadas nas dimensões do Ensino, Pesquisa e Extensão.

Objetivos específicos da Pastoral Universitária

8. Ser cristão significa aderir às palavras e ações do Mestre, que provocam em nós a contínua reflexão e busca da vontade de Deus em cada situação. Nesse sentido, dentre os diversos objetivos da Pastoral Universitária, merecem destaque:
- Promover a presença da Igreja nas Instituições de Ensino Superior, fomentando a experiência da fé cristã no âmbito universitário por meio de pequenas comunidades de estudantes, professores e funcionários, que testemunham e anunciam a centralidade dos valores do Evangelho de Jesus de Nazaré em suas vidas.
- Incentivar, no ensino, na pesquisa e na extensão, o diálogo entre fé e razão, fé e ciência, religião e cultura.
- Influenciar significativamente a vida universitária, no âmbito da pesquisa, do ensino e da extensão, por meio de

---

[6] Paróquia pessoal universitária atende a todos os católicos universitários a ela circunscritos, e presta a eles todos os serviços próprios e inerentes a uma paróquia (Cf. Código de Direito Canônico, nn. 518 e 813).

projetos e atividades nos três eixos da Pastoral: espiritualidade, reflexão-formação e ação social solidária.
- Motivar e acompanhar estudantes e profissionais para que sejam, profeticamente, profissionais competentes nas suas áreas de conhecimento, promotores de um mundo justo e solidário segundo os valores do Evangelho e os ideais do Reino de Deus.
- Resgatar e testemunhar, no interior da vida universitária, a dimensão religiosa como parte integrante e integradora do ser humano.
- Trabalhar pela unidade e comunhão das diferentes expressões católicas presentes no âmbito universitário.
- Promover a interação, o diálogo e a unidade dos diversos grupos cristãos presentes na vida e no contexto em que as Instituições de Ensino Superior estão inseridas.
- Favorecer e incentivar o diálogo inter-religioso visando à tolerância religiosa, ao enriquecimento humano e ao testemunho religioso no âmbito universitário.
- Promover, cuidar e testemunhar na vida universitária, no âmbito do ensino, pesquisa e extensão, a dignidade da vida humana, por meio de presença coerente, projetos e atividades, que explicitem a dimensão política, profética e libertadora da fé cristã.
- Irmanar-se e participar das diversas iniciativas e ações em defesa da construção de uma sociedade sustentável, que preserve a vida e o meio ambiente.
- Promover a participação e o protagonismo juvenil na construção da cultura da paz e da sociedade justa, fraterna, solidária e ecológica.

Capítulo I

DISCÍPULOS MISSIONÁRIOS NO ÂMBITO UNIVERSITÁRIO

No hoje do nosso continente latino-americano, levanta-se a mesma pergunta cheia de expectativa: "Mestre, onde vives?" (Jo 1,38), onde te encontramos de maneira adequada para "abrir um autêntico processo de conversão, comunhão e solidariedade?". Quais são os lugares, as pessoas, os dons que nos falam de ti, que nos colocam em comunhão contigo e nos permitem ser discípulos e teus missionários?[1]

9. "Mestre, onde moras? – Vinde e vede" (Jo 1,38). O evangelho de João, ao apresentar a experiência dos primeiros discípulos com Jesus, indica-nos o caminho fundamental do cristão: o encontro pessoal com o Mestre desperta a busca e desencadeia o processo de discipulado, tornando-os missionários. De fato, "ao início do ser cristão, não há uma decisão ética ou uma grande ideia, mas o encontro com um acontecimento, com uma Pessoa que dá à vida um novo horizonte e, desta forma, o rumo decisivo".[2]

10. A dinâmica que segue ao encontro não é a separação do mundo para receberem formação e tornarem-se evangelizadores capacitados para dar seguimento ao anúncio do Reino depois de Jesus. Ao contrário, o processo de formação dos discípulos acontece no dinamismo da vida concreta do povo. O aprofundamento daquele primeiro encontro acontece quando eles percorrem o "Caminho" com

---
[1] CELAM. *Documento de Aparecida*, n. 245.
[2] BENTO XVI. *Deus caritas est*, n. 1.

Ele. Os discípulos não tiram os olhos do Mestre. Compreendem as lições do Reino em cada ensinamento ou gesto de Jesus: na atenção e no cuidado com os enfermos, no diálogo crítico com os sábios e poderosos, no acolher e cuidar dos pobres e excluídos, na interpretação dos preceitos da lei a partir da centralidade da vida, na postura Dele no Templo, no cultivo constante da oração... Percebem, então, na lida diária o que significa viver conduzido pela lógica do amor e do desejo de fazer a vontade de Deus. No seguimento, descobrem o desejo de ser e viver como o Mestre, pois compreendem que o chamado é fazer da vida cotidiana um "culto agradável a Deus"[3] e anúncio – testemunho do Evangelho do Reino.

11. A pessoa e a vida de Jesus, como nos aponta o *Documento de Aparecida*, provoca o surgimento de discípulos missionários. Do mesmo modo, a ação evangelizadora da Igreja, por fidelidade ao Evangelho, tem como missão concretizar no contexto e no tempo esse mesmo processo e anúncio do Reino. Daqui emerge o grande desafio da Pastoral Universitária: como concretizar essa dinâmica no interior das Instituições de Ensino Superior? Como favorecer o encontro pessoal com Jesus Cristo, e o seguimento de Jesus Cristo e compromisso com a missão?

12. Fica evidente que Jesus e a experiência da sua companhia não podem desvincular-se dos que estão "com Jesus", da comunidade, dos amigos e seguidores, assim como André chamou a Simão e começou essa corrente de vida que não se deteve, assim também o discípulo na universidade. O encontro com Cristo nos vincula a outros que, vivendo a mesma experiência de sentido (Eclésia), lançam-nos à Galileia dos homens e mulheres de boa vontade que também buscam, como nós, sentido e realização, viver conscientemente a sua profissão e transformar a realidade. Assim, naturalmente, é gerada a missão.

---

[3] Rm 12,2.

13. O mundo é campo de missão, mas antes disso é o lugar de encontro, onde Cristo se deixa encontrar por nós. É a partir daí que o âmbito universitário é tratado por nós, discípulos missionários na Universidade. Nela, compreendemos que o encontro com Cristo nos lança ao diálogo com a cultura de nosso tempo, leva-nos a buscar uma formação profissional que esteja realmente a serviço do povo e do bem comum, mostra-nos o fascínio da vida e nos dá coragem e esperança para nos mantermos firmes num mundo que parece cada vez mais dominado pelo individualismo e pelo comodismo.

14. Concretizar o encontro com Jesus Cristo e despertar o discipulado missionário no contexto atual implica assumir os desafios desse estilo de vida. Dentre eles, merecem destaque no âmbito universitário:

- Conhecer de modo profundo e interpretado no horizonte da cultura atual o projeto do Reino de Deus, revelado nos ensinamentos e nas ações proféticas de Jesus de Nazaré e assumido como projeto de vida por aqueles que acolheram a boa notícia do Evangelho.
- Escutar as angústias e acolher os anseios das pessoas inseridas no contexto universitário e testemunhar a alegria fraterna, a sensibilidade solidária e a práxis da justiça de quem descobriu em Cristo a fonte, o horizonte de sentido e a esperança para o futuro.
- Promover o diálogo crítico com a cultura de nosso tempo, denunciando, por meio do testemunho da vida cristã, o reducionismo e a pequenez do modelo economicista, consumista, individualista e hedonista.
- Investir na formação integral de profissionais capazes de harmonizar a competência técnico-científica, com os princípios éticos e os valores humanos fundamentais para a construção da sociedade justa, solidária, inclusiva e ecológica. Profissionais capazes de colocarem-se a serviço do povo e do bem comum.

O discípulo missionário nasce do encontro com Jesus Cristo

15. Os bispos do Brasil, nas *Diretrizes Gerais da Ação Evangelizadora da Igreja no Brasil, 2011-2015* (n. 4) afirmam:

> Toda ação eclesial brota de Jesus Cristo e se volta para Ele e para o Reino do Pai. Jesus Cristo é nossa razão de ser, origem de nosso agir, motivo de nosso pensar e sentir. Nele, com Ele e a partir d'Ele mergulhamos no mistério trinitário, construindo nossa vida pessoal e comunitária [...] O que há em Jesus Cristo que desperta nosso fascínio, faz arder nosso coração (cf. Lc 24,32), leva-nos a tudo deixar (cf. Lc 5,8-11) e, mesmo diante das nossas limitações e vicissitudes, afirmar um incondicional amor a Ele (cf. Jo 21,9-17)?

16. Para quem deseja viver sua identidade cristã no âmbito universitário, com toda a sua carga de crítica e contestação, a resposta à seguinte pergunta é fundamental: "O que há em Jesus Cristo que desperta nosso fascínio, e faz arder nosso coração?". Cada um de nós é chamado a dar sua resposta pessoal a esta pergunta, mas podemos explicitar algumas indicações importantes:

- Em Jesus Cristo, intuímos a possibilidade de um amor sem limites, sincero e gratuito, um amor pelo qual nosso coração anseia, mas que, ao mesmo tempo, percebemos que não poderíamos alcançar só com os esforços humanos. Um amor que não elimina todos os outros, mas os tornam mais verdadeiros, livres e gratuitos.
- Esse amor nos permite superar o vazio e a banalidade da vida cotidiana, a aridez do trabalho e a falta de sentido do estudo feito por obrigação ou como condição para um sucesso profissional que não nos realizará de fato. Esse amor transforma toda a nossa vida na grande aventura que só os verdadeiros amantes conseguem viver.
- Descobrimos, na pessoa de Jesus Cristo, a grandeza e o fascínio da verdade, da beleza e da bondade. Ele, seus

princípios e valores, oferecem um fio condutor que unifica e transfigura todo o saber, permitindo que o conhecimento acadêmico se revele realmente um fator de construção de nossa humanidade.

- A busca sincera de viver como Jesus Cristo possibilita-nos historicamente encontrar horizonte de sentido e a razão de ser profunda para a vida pessoal e profissional. Com Ele, por Ele e n'Ele descobrimos o nosso próximo, aquele que sofre e necessita da nossa solidariedade. Essa descoberta transforma o nosso jeito de viver e trabalhar e oferece-nos um ideal mais forte que o hedonismo e pragmatismo do contexto atual.
- Jesus Cristo é uma fonte inesgotável de amor que nos perdoa, cura e salva, restabelecendo em nós a dignidade humana de filhos amados do Pai. Uma vez resgatados, tornamo-nos discípulos e missionários, a nossa vida passa a receber novo sentido, transformando de forma significativa nossa formação profissional e o modo como exercemos nosso trabalho.

17. Seja qual for a razão inicial para o nosso fascínio, é Jesus Cristo quem nos move, quem nos coloca em ação e torna vivas a comunidade cristã e a presença missionária na universidade.

18. Como recorda-nos o *Documento de Aparecida*,[4] nossa fé, sem esse fascínio, reduzir-se-ia a "um elenco de algumas normas e de proibições, a práticas de devoção fragmentadas, a adesões seletivas e parciais das verdades da fé, a uma participação ocasional em alguns sacramentos, à repetição de princípios doutrinais, a moralismos brandos ou crispados que não convertem a vida dos batizados" que "não resistiria aos embates do tempo". Por isso é tão fundamental, para todos os cristãos, mas de um modo ainda mais agudo para os que vivem os desafios e os questionamentos do ambiente universitário, "partir de Jesus Cristo".

---

[4] Cf. CELAM. *Documento de Aparecida*, n. 12.

O discípulo missionário acolhe os questionamentos e as dúvidas

19. Nosso caminho na universidade, muitas vezes, assemelha-se ao dos discípulos de Emaús: repletos de dúvidas e abalados na esperança. Da mesma maneira que pensaram que o Mestre não andava mais com eles, também pensamos que as crenças e certezas que deram sentido à nossa vida não são fortes o suficiente para sobreviver em um contexto crítico. Assim como para eles foi preciso caminhar e reler as Escrituras com um estrangeiro desconhecido, para, de novo, na familiaridade de uma amizade construída, reconhecer o Messias entre eles, também nós somos chamados a fazer novamente o caminho com Jesus. A universidade é espaço desafiador da pergunta, da formação, da interpelação, da abertura ao novo, ao estrangeiro; nesse caminho podemos reencontrar, de um modo ainda mais belo e luminoso, a fé, a comunidade, a Igreja.

20. Não é possível trilhar esse caminho se previamente não deixarmos que brotem as dúvidas e até as negações sobre como os primeiros discípulos viveram: Pedro, Judas, Tomé. É necessário deixar que Jesus, o Mestre, acompanhe-nos nas dúvidas e nos questionamentos. Cristo não teve medo de se deixar questionar pelos discípulos e não quis dar respostas prontas e fechadas; simplesmente os convidou: "Vinde e vede", e eles mesmos se deixaram tocar pela vida de Jesus, "ficando com ele, naquele dia" (Jo 1,35ss). Jesus Cristo nos ensina a ser discípulos e mestres, na liberdade intelectual e escolha, na busca da verdade, a caminho, sempre a caminho.

21. Sendo a universidade destinada principalmente à formação intelectual, a Igreja quer contribuir para que esta seja uma formação integral, abrangente, ampla, humana. Quer contribuir para a formação de um novo humanismo arraigado no Evangelho, em contraste com a mentalidade instrumental e pragmatista dos nossos tempos e quer fazê--lo a caminho, caminhando com aqueles que elegem a universidade para crescer. Porque a integração do saber na pessoa acontece no dinamismo do diálogo, no aconchego e no confronto da amizade.

22. É bom não esquecer que também a razão, na sua busca, tem necessidade de ser apoiada por um diálogo confiante e uma amizade sincera [...] os filósofos antigos punham a amizade como um dos contextos mais adequados para o reto filosofar.[5]

O discípulo missionário dá testemunho no diálogo com o outro

23. O cristianismo não é uma doutrina que se propõe, ainda que contenha em si uma doutrina, mas uma vida que se testemunha. Por isso, não se trata de ter uma proposta teórica inteligente para convencer ou converter as pessoas, mas de se viver toda a riqueza de nossa humanidade – não só porque isso é bom para a propagação da fé, mas porque é fundamental para nós. É a nossa felicidade que está em questão, e não só o êxito da evangelização. Quanto mais realizada e humana for uma pessoa, maior será sua capacidade de agregar e de somar aos demais.

24. A compreensão desse fato nos dá uma liberdade e responsabilidade, seja em relação à criação de projetos e ações evangelizadoras, seja em relação à nossa postura de cristãos em relação aos demais acontecimentos próprios do âmbito universitário e da sociedade. Nesse sentido, a dinâmica da fé comporta dois aspectos pessoais fundamentais:

- A fé é graça de Deus e nos chega por meio da mensagem que recebemos da Igreja, por meio daqueles que anunciam e testemunham o Evangelho, mas ela se fortalece a partir de uma experiência viva e quando os conteúdos se mostram verdadeiros. O aprofundamento da experiência pessoal de encontro com Cristo é a verdadeira condição para o crescimento da presença cristã na universidade. Como no Evangelho, quando os samaritanos contam à mulher que lhes anunciou e favoreceu o encontro com Jesus: "Já não é por causa daquilo que contaste

---

[5] JOÃO PAULO II. *Carta encíclica Fides et ratio*, n. 33.

que cremos, pois nós mesmos ouvimos e sabemos que este é verdadeiramente o Salvador do mundo" (cf. Jo 4,42).
- A fé cristã, quando adequadamente vivida, sem moralismos ou conformismos, abre o coração para descobrir o mundo sempre mais belo, captar a presença amorosa do Deus da vida, estradeiro conosco e presente em todos os dinamismos da realidade, para comover-nos com o outro. Essa comoção é a raiz da caridade, que não se confunde com obrigação moralista ou voluntarismo, mas cresce como necessidade cada vez mais irrefreável de ir ao encontro do outro, de partilhar e responder com ele sua dor e sua alegria. Tal abertura se manifesta e se concretiza como interesse genuíno e sincero por tudo o que é humano e que humaniza, como capacidade de descobrir a beleza e a verdade de todas as coisas e, sobretudo, de comover-se e solidarizar-se diante do outro que se encontra caído à beira do caminho. Como no Evangelho, quando Jesus perguntou ao doutor da lei: "Qual dos três foi o próximo do homem que caiu nas mãos dos assaltantes?", este lhe responde: "Aquele que usou de misericórdia para com ele". Então Jesus lhe diz e nos diz: "Vai e faze tu a mesma coisa" (cf. Lc 10,36-37).

O discípulo missionário busca o diálogo e a convergência entre fé e razão

25. Em todas as situações, mas particularmente no âmbito universitário, o discípulo missionário depara-se com o desafio de construir o diálogo entre fé e razão. Sente-se chamado a cultivar uma abertura crítica às interpelações e contribuições oriundas das diversas ciências e correntes de pensamento. Mas, sobretudo, a alimentar o diálogo entre as contribuições da tradição cristã, constantemente atualizadas pelas interpelações do Espírito Santo, e os desafios da realidade atual.

26. Nesse diálogo, fé e razão, ainda que cada uma tenha sua especificidade, não são elementos contraditórios que embatem um contra o outro. Na encíclica *Fides et ratio*, João Paulo II notava que:

Confirma-se assim, uma vez mais, a harmonia fundamental entre o conhecimento filosófico e o conhecimento da fé: a fé requer que o seu objeto seja compreendido com a ajuda da razão; por sua vez a razão, no apogeu da sua indagação, admite como necessário aquilo que a fé apresenta. [...] Santo Tomás teve o grande mérito de colocar em primeiro lugar a harmonia que existe entre a razão e a fé. A luz da razão e a luz da fé provêm ambas de Deus: argumentava ele; por isso, não se podem contradizer entre si. Efetivamente, a fé é de algum modo "exercitação do pensamento"; a razão do homem não é anulada nem humilhada, quando presta assentimento aos conteúdos de fé; é que estes são alcançados por decisão livre e consciente.[6]

27. Encontramo-nos num mundo cada vez mais plural e complexo, no qual muitas posições que se pretendem humanistas e humanizadoras não representam uma visão crítica e construtiva da realidade, além de favorecer compreensões reducionistas e empobrecedoras da vida humana. Do mesmo modo, há configurações religiosas atuais que favorecem experiências de alienação, infantilização e, inclusive, de exploração mercantilista da fé. É urgente oferecer critérios claros de juízo e discernimento que permitam às pessoas fazerem escolhas de forma mais adequada, escolhas que favoreçam a conquista da realização e da vida plena.

28. O diálogo entre fé e razão exige uma formação continuada. Essa formação estará pautada por perguntas e questionamentos nascidos da experiência pessoal e do contexto social, pelo diálogo com os que pensam diferente e pelos desafios provocados pela realidade. Há muitos meios para o cultivo dessa formação dos discípulos missionários: participação em cursos, organização de semanas de estudo, ciclo de palestras, organização de biblioteca teológica básica, comentários bíblicos, espiritualidade, leituras tanto de textos teológicos como de outros textos em que os temas em foco sejam iluminados pela fé, participação em atividades correlacionadas surgidas no âmbito universitário ou fora dele etc. No caso do estudante universitário, esse processo implica sempre levar a

---

[6] JOÃO PAULO II. *Carta encíclica Fides et ratio*, nn. 42-43.

sério todas as oportunidades oferecidas na universidade, tais como as próprias aulas, os cursos, palestras e congressos, os trabalhos de iniciação científica, estágios e intercâmbios, participação em empresas júnior, grupos de trabalho específicos e, principalmente, o relacionamento com os professores que puderem ajudá-lo a crescer na integração entre conhecimento intelectual e experiência de vida, fé e razão.

29. Contudo, não se trata de reviver o mito do conhecimento pelo conhecimento, de um saber enciclopédico que carece de unidade e de critérios de discernimento. A busca pelo conhecimento não pode perder seu sentido maior: favorecer a construção da sabedoria para o bem viver e conviver. Essa busca pelo conhecimento deve ser acompanhada por uma reflexão que nasce da experiência da fé.

> Segundo o Antigo Testamento, o conhecimento não se baseia apenas numa atenta observação do homem, do mundo e da história, mas supõe como indispensável também uma relação com a fé e os conteúdos da Revelação. Aqui se concentram os desafios que o Povo Eleito teve de enfrentar e a que deu resposta. Ao refletir sobre esta sua condição, o homem bíblico descobriu que não se podia compreender senão como "ser em relação": relação consigo mesmo, com o povo, com o mundo e com Deus. Esta abertura ao mistério, que provinha da Revelação, acabou por ser, para ele, a fonte dum verdadeiro conhecimento, que permitiu à sua razão aventurar-se em espaços infinitos, recebendo inesperadas possibilidades de compreensão.[7]

30. As análises da realidade são importantes, mas não se trata apenas de desenvolver uma capacidade analítica, mas de saber o que é mais correspondente à nossa humanidade, qual o sentido das provocações que recebemos da realidade, onde encontrar a beleza e a satisfação verdadeiras, como reconhecer as motivações daquilo que fazemos.

31. A convergência entre a fé e a razão não se realiza entre os conteúdos da fé, aprendidos teoricamente num livro, e os conteúdos da cultura

---

[7] JOÃO PAULO II. *Carta encíclica Fides et Ratio*, n. 21.

secular. É um diálogo entre a experiência humana do cristão, marcada pela presença de Cristo em sua vida, e os conhecimentos acumulados nas várias ciências e que nos chegam diretamente em cursos e atividades do âmbito universitário no contexto cultural em que vive. Assim, o discípulo missionário oferece, para enriquecer o diálogo, a sabedoria experimentada no jeito de viver marcado pela presença instigante, inquietante e, muitas vezes, desconcertante de Jesus de Nazaré. Trata-se de atitude propositiva de quem se deixou transformar pela experiência de Deus e se conduzir pela lógica do amor fraterno e da busca da vida em plenitude, aberto às provocações e às riquezas da ciência que se coloca na direção da verdade. Aqui é restabelecida a autonomia da experiência religiosa de fé e a autonomia da universidade, enquanto espaço da busca da verdade e de serviço à sociedade. Os discípulos missionários se tornam "pessoas particularmente preparadas em cada uma das disciplinas [...] dotadas também de adequada formação teológica e capazes de enfrentar as questões epistemológicas no plano das relações entre a fé e a razão".[8]

O discípulo missionário faz a experiência da oração e participa dos sacramentos

32. Vivemos num mundo agitado, barulhento, acelerado, bombardeado por novas informações e intermináveis propagandas. Corremos o perigo de aceitar passivamente tal situação, e mesmo de tal modo, habituar-nos com ela, que sua ausência seja experimentada como uma lacuna a ser preenchida, ou um vazio que não podemos suportar. Daí a pressa em suprir os momentos em que nossos ouvidos nada escutam, em que nossa atenção não é requisitada por novos estímulos ou por várias coisas ao mesmo tempo.

33. Porém, não somos apenas animais em interação com o nosso meio físico e social, pois temos uma inteligência e uma liberdade que não podem ser relegadas à periferia da nossa existência e,

---

[8] JOÃO PAULO II. *Alocução ao Congresso Internacional sobre as Universidades Católicas*, 25 abr. 1989, n. 3.

muito menos, na universidade. Estamos destinados, pelo que somos e onde estamos, a conhecer, pensar, refletir, avaliar, julgar, bem como a agir, optar, tomar decisões, comprometer-nos, acolher ou recusar. Contudo, é muito difícil que correspondamos na vida concreta ao que somos e que os estudos incidam em nossa formação integral, se não conseguimos abrir espaços de silêncio e aprofundamento de nossa experiência.

34. Para sermos pessoas capazes de refletir e agir responsavelmente, precisamos valorizar devidamente o silêncio em nossa vida. Pois é exatamente a ausência não só de ruídos externos, mas também de distrações internas, que nos permite experimentar a importância do silêncio, sua realidade plenificante, seu conteúdo latente e rico. Temos que aprender a descer ao fundo de nós mesmos, escutar nosso coração, formular nossas perguntas, perceber nossas dúvidas, sentir nossos anseios de sentido, de paz, de felicidade, de Deus, reconhecer que, apesar do que manifestamos exteriormente e que a tantos engana, estamos, no fundo, decepcionados com nosso teor de vida, com a rotina mecânica de nossos dias, com a superficialidade das nossas conversas, das nossas relações, das nossas aspirações. Naturalmente, é preciso ter coragem para chegar ao nosso verdadeiro eu, onde se estabelece o diálogo da nossa fé e razão, na busca de uma convergência na Verdade, na busca da autêntica Vida.

35. Pois o conhecimento próprio, a avaliação tranquila e objetiva de nossa vida, o olhar não ingênuo para a sociedade atual, fazem-nos descobrir outra dimensão da realidade, com conteúdos e valores próprios, elementos indispensáveis para fundamentar e construir uma personalidade madura e sólida, capaz de discernir e tomar posição diante dos desafios. É o silêncio que nos possibilita escutar nós mesmos, a natureza, os outros e, sobretudo, Deus. No silêncio, o discípulo missionário encontra Deus, e seu silêncio se torna diálogo, oração.

36. À medida que descobrimos essa necessidade em nós mesmos, descobrimos que é compartilhada por todos. Quanto mais as pessoas se afastam da vida do silêncio, da oração, do encontro consigo, e com Deus, mais sentem a necessidade dessa experiência, ainda que tenham mais dificuldade de formular essa necessidade, ou mesmo de fazer essa experiência – pois a oração é um caminho, e quem não "se exercita" nele tem mais dificuldade. "O ser humano é por natureza e por vocação um ser religioso. Porque provém de Deus, e para Deus caminha. O ser humano só vive uma vida plenamente humana se viver livremente a sua relação com Deus".[9] Por isso, o desejo e a necessidade do encontro com Deus, da oração, não podem ser extirpados da pessoa humana. Sem a experiência de oração, o contato com a Palavra, a vida sacramental, no caso do catolicismo, a pessoa não vive essa relação pessoal, não experimenta plenamente esse relacionamento terno e afetivo, com Deus.

37. No âmbito universitário, a pessoa está sempre diante da possibilidade de fazer dos projetos intelectualistas o absoluto, ou viver uma visão distorcida da autonomia intelectual ou da valorização desmedida do próprio ego. Por isso, esse é um dos âmbitos em que o discípulo missionário mais é chamado a cultivar o silêncio, o encontro com Deus na sua Palavra, na oração e na participação nos sacramentos e na vida fraterna. Esses são os recursos privilegiados por meio dos quais o cristão em contato com a Palavra, Jesus Cristo, consegue encontrar a referência, o equilíbrio entre fé e razão, ação e contemplação, dependência de Deus e autonomia diante do mundo, como o próprio Jesus viveu.

38. "Um dia, Jesus estava orando em certo lugar. Quando terminou, um de seus discípulos pediu-lhe: 'Senhor, ensina-nos a orar'" (Lc 11,1). Assim, o discípulo missionário, ao perceber a importância e a centralidade da oração na sua vida e o exemplo de Jesus, que frequentemente "se retirava para orar" (Lc 6,12), reconhece e cuida dessa dimensão profunda da vida. A vida de oração e a participação nos sacramentos da fé são compreendidas como realidade presente,

---

[9] *Catecismo da Igreja Católica*, n. 44.

propostas e vividas de forma livre e natural, fruto do seguimento e adesão à pessoa de Jesus Cristo, como os seus discípulos atestaram nos Evangelhos.

39. Existem muitas formas de viver essa experiência da oração e de encontro, as quais se complementam e testemunham na pluralidade de carismas dentro da Igreja. Contudo, permanece sempre a necessidade de integrar a oração pessoal com a oração comunitária, as formas mais espontâneas com aquelas vindas da tradição eclesial (como a Liturgia das Horas), a escuta da Palavra (que acontece, por exemplo, nos círculos bíblicos e na *Lectio Divina*) e os sacramentos.

40. A recente encíclica *Verbum Domini* e o documento *Discípulos e servidores da Palavra de Deus na missão da Igreja*, da CNBB, reafirmam que a busca contínua e consciente da Sagrada Escritura é a alma da pastoral e da missão evangelizadora da Igreja em qualquer âmbito, animada e alicerçada na centralidade da escuta, vivência e celebração dessa Palavra.[10]

O discípulo missionário vive a dimensão ecumênica

41. O diálogo ecumênico, com as demais denominações cristãs, e inter-religioso, com as demais religiões, é uma das grandes atenções da Igreja Católica na atualidade, como atestam os "Dias de reflexão, diálogo e oração pela paz e a justiça no mundo" em Assis, convocados pelos papas João Paulo II e Bento XVI, ou as Campanhas da Fraternidade ecumênicas, realizadas no Brasil sob os auspícios da CNBB e do Conselho Nacional de Igrejas Cristãs do Brasil (CONIC). Do mesmo modo, o discípulo missionário vive a dimensão ecumênica no âmbito universitário.

---

[10] BENTO XVI. Exortação Apostólica *Verbum Domini*. Ao Episcopado, ao Clero, às pessoas consagradas e aos fiéis leigos. "A Palavra de Deus na vida e missão da Igreja". Brasília: CNBB, 2010; Documento 97 da CNBB: "*Discípulos e servidores da Palavra de Deus na missão da Igreja*" p. 25. Brasília: CNBB, 2012.

Esse diálogo implica uma postura sempre aberta e pronta para encontrar os pontos em comum e crescer na convivência em meio às diferenças. Não se trata de anular a identidade de cada um, mas de reconhecer que nossa identidade se explicita no encontro, na acolhida e na caminhada feita com o outro.

42. Essa unidade e essa amizade são particularmente importantes num âmbito como o universitário. Em primeiro lugar, por serem um sinal claro da presença de Cristo, num contexto em que essa presença é sempre questionada e desafiada. Mas também pela riqueza das reflexões partilhadas, pela contribuição que cada um pode dar ao outro e pela alegria que nasce do descobrir-se "irmão em Cristo".

43. Num trabalho de Pastoral Universitária, promovido pela Igreja Católica, a dimensão ecumênica sempre será valorizada e incentivada. Nessa perspectiva, ao lado das missas para os universitários, poderão ser propostos e realizados, por exemplo, cultos ecumênicos e orações conjuntas. Além disso, muitos gestos inerentes à Pastoral Universitária, tais como encontros para estudo e reflexão, recepção aos calouros e trabalhos sociais, podem ser iniciativas ecumênicas. Contudo, como a dimensão ecumênica é sempre vivida em liberdade e respeito pelo outro, não se pode obrigar ninguém a participar de uma ação ecumênica. Existirão contextos em que atividades ecumênicas nascerão com facilidade, para a alegria de todos, e outros em que essa dimensão terá mais dificuldade em ser concretizada. Seja qual for a situação, o importante é a postura de abertura e o respeito à própria identidade e à identidade dos demais.

Capítulo II

URGÊNCIAS E PERSPECTIVAS PARA A AÇÃO EVANGELIZADORA NO ÂMBITO UNIVERSITÁRIO

44. Nas *Diretrizes Gerais da Ação Evangelizadora da Igreja no Brasil, 2011-2015*,[1] os bispos do Brasil indicam cinco urgências e perspectivas para a ação pastoral que buscam orientar a construção e o fortalecimento de "uma intensa rede de comunidades cada vez mais próximas dos lugares onde as pessoas vivem, se alegram e sofrem",[2] e que também devem nos guiar na missão no âmbito universitário.

Igreja em estado permanente de missão

Quem se apaixona por Jesus Cristo deve igualmente transbordar Jesus Cristo, no testemunho e no anúncio explícito de sua Pessoa e Mensagem. A Igreja é indispensavelmente missionária.[3] Existe para anunciar, por gestos e palavras, a pessoa e a mensagem de Jesus Cristo. Fechar-se à dimensão missionária implica fechar-se ao Espírito Santo, sempre presente, atuante, impulsionador e defensor (Jo 14,16; Mt 10,19-20). Em toda a sua história, a Igreja nunca deixou de ser missionária. Em cada tempo e lugar, esta missão assume perspectivas distintas, nunca, porém, deixa de acontecer. Se hoje partilhamos a experiência cristã, é porque alguém nos transmitiu a beleza da fé, apresentou-nos Jesus Cristo, acolheu-nos na comunidade eclesial e nos fascinou pelo serviço ao Reino de Deus.[4]

---

[1] CNBB. *Diretrizes gerais da ação evangelizadora da Igreja no Brasil, 2011-2015*, nn. 25-72.
[2] CNBB. *Diretrizes gerais da ação evangelizadora da Igreja no Brasil, 2011-2015*, p. 12.
[3] CELAM. *Documento de Aparecida*, n. 347.
[4] CNBB. *Diretrizes gerais da ação evangelizadora da Igreja no Brasil*, 2011-2015, n. 30.

45. A dimensão missionária faz parte da vida da Igreja e está sempre presente no trabalho de Pastoral Universitária, mas não deve ser interpretada como uma prática proselitista ou como algo a mais que o cristão deve fazer, mas uma dimensão essencial de sua vida, que acontece, antes de tudo, como testemunho da novidade que ele encontrou e que já experimenta hoje.[5] A missão é, antes de tudo, o transbordar de uma plenitude de vida que se experimenta, e que se necessita transmitir ao mundo. Ela nasce como gratidão e amor ao próximo, e não como obrigação ou projeto de expansão político-social. A missão tem um papel pedagógico importante para o cristão: ao anunciar seu encontro com Cristo, ele faz uma comparação sincera e verdadeira – não sectária nem dogmática – com o outro, e assim descobre mais a natureza e a beleza da própria experiência. Quem faz um trabalho missionário sabe que não fala só para o outro, mas principalmente para si mesmo.

46. É importante ter claro que a juventude é muito atenta e sensível a essa dinâmica pessoal da fé. O jovem percebe, quase instintivamente, quando uma proposta nasce de uma experiência real, e quando comporta essa abertura ao mundo, pela qual ele anseia ardentemente. Por isso, propostas formais e burocráticas, por mais bem intencionadas e estruturadas que sejam, não crescem muito num trabalho de Pastoral Universitária.

47. Essa abertura à realidade dá condições para um passo importante na construção de uma realidade de Pastoral Universitária, que é saber partir da necessidade e do interesse do outro, seja ele um aluno ou um colega. O ponto de partida é aquilo que fascina ou que incomoda o outro, que se torna "pro-vocação" para mim e para ele. A vida eterna não é apenas a vida depois da morte, mas uma vida cheia de sentido que já se começa a viver aqui e agora,[6] oferecendo um horizonte de sentido para as provocações (boas e ruins) existentes

---

[5] CNBB. *Diretrizes gerais da ação evangelizadora da Igreja no Brasil*, 2011-2015, nn. 32-33.
[6] Cf. BENTO XV. *Jesus de Nazaré*, v. 2.

neste mundo. Eu encontro o outro na sua necessidade e nas coisas que o fascinam e vice-versa.

48. A beleza se torna, assim, um ponto de encontro natural. Não se trata de fazer discursos sobre a beleza, ou de tentar julgar e analisar o que é belo e o que não é, mas de estar juntos diante do que é belo, consciente de que cada traço de beleza – mesmo aqueles que inicialmente nos causam estranheza e até repulsa – traz uma semente da verdade, uma possibilidade de compreendermos o outro, em suas alegrias e angústias, e de nos acercarmos de Deus.

49. As dúvidas, as angústias e os anseios da juventude e dos acadêmicos são outra porta para o diálogo. O relativismo propõe frequentemente um diálogo não satisfatório sobre os problemas do jovem, pois não enfrenta realmente suas dúvidas, oferecendo-lhe uma autonomia que representa, na verdade, um descompromisso com a realidade. Existe, também, um sectarismo que se escandaliza com as dúvidas e os comportamentos dos jovens, afastando-os ao invés de ajudá-los. A questão é ser capaz de acolher e dialogar, com um discernimento capaz de mostrar a beleza e a verdade da experiência de cada um. Assim, diante das interrogações e dos desafios da realidade, devemos buscar dar sempre uma resposta pessoal às situações (não uma teoria pronta), encontrando as motivações últimas de nossas escolhas, análises ou decisões.

Igreja: casa da iniciação à vida cristã

> Trata-se, portanto, de "desenvolver, em nossas comunidades, um processo de iniciação à vida cristã que conduza a um encontro pessoal, cada vez maior, com Jesus Cristo".[7]

A iniciação cristã não se esgota na preparação aos sacramentos do Batismo, Crisma e Eucaristia. Ela se refere à adesão a Jesus Cristo.

---

[7] CELAM. *Documento de Aparecida*, n. 289 e CNBB. *Diretrizes gerais da ação evangelizadora da Igreja no Brasil, 2011-2015*, n. 40.

Esta adesão deve ser feita pela primeira vez, mas refeita, fortalecida e ratificada tantas vezes quantas o cotidiano exigir.[8]

É necessário desenvolver, em nossas comunidades, um processo de iniciação à vida cristã, que conduza ao "encontro pessoal com Jesus Cristo",[9] no cultivo da amizade com Ele pela oração, no apreço pela celebração litúrgica, na experiência comunitária e no compromisso apostólico, mediante um permanente serviço aos demais.[10]

No anúncio da Boa-Nova, antes do missionário, sempre chega o Espírito Santo, protagonista da evangelização. É Ele quem move o coração para o encontro pessoal com Jesus Cristo, embora se trate de um encontro sempre mediado por pessoas. O discípulo missionário crê em Igreja, crê com os outros discípulos missionários e naquilo que os outros discípulos missionários creem. No processo de iniciação cristã é preciso, portanto, dar grande valor à relação interpessoal, no seio de uma comunidade eclesial. As pessoas não buscam em primeiro lugar as doutrinas, mas o encontro pessoal, o relacionamento solidário e fraterno, a acolhida, vivência implícita do próprio Evangelho.[11]

50. Essa iniciação permanente à vida cristã contempla um processo de amadurecimento humano "em sabedoria e graça diante de Deus e dos homens",[12] numa sequência de níveis de aprofundamento que não é cronológica – isto é, uma etapa não é condição para se iniciar a subsequente: (1) a compreensão da fé como experiência existencial, em que o fiel cresce no encontro com o Senhor e na convicção da verdade do cristianismo; (2) o conhecimento dos conteúdos da revelação cristã, do magistério da Igreja; (3) o diálogo entre a fé experimentada e reconhecida e os desafios da realidade social e cultural.

---

[8] CELAM. *Documento de Aparecida*, n. 288 e CNBB. *Diretrizes gerais da ação evangelizadora da Igreja no Brasil, 2011-2015*, n. 41.
[9] CELAM. *Documento de Aparecida*, n. 289.
[10] CNBB. *Diretrizes gerais da ação evangelizadora da Igreja no Brasil, 2011-2015*, n. 86.
[11] CNBB. *Diretrizes gerais da ação evangelizadora da Igreja no Brasil, 2011-2015*, n. 89.
[12] Lc 2,40.

51. Cada uma dessas etapas implica o cultivo de estudo e aprofundamento. Muitas vezes, a resistência à mensagem da Igreja decorre da ignorância e da compreensão superficial, ou até mesmo distorcida, da Palavra de Deus e da doutrina cristã.

52. A comunidade cristã é o lugar privilegiado dessa iniciação à vida cristã. Ela manifesta, para cada um de nós, essa "casa" maior que é a própria Igreja. A vida sacramental da comunidade, os momentos de encontro e de partilha de vida, são momentos particularmente importantes desse processo educativo, mas podem existir outros, como cursos, palestras etc. O importante é que esse caminho educativo nunca seja abandonado, que o cristão universitário nunca tenha a pretensão de "já ter aprendido" o que é a fé, pois parte do seu fascínio é justamente o fato de que ela é descoberta e aprendida novamente, de maneira mais profunda e envolvente, a cada dia e diante dos desafios que a vida nos oferece.

Igreja: lugar de animação bíblica da vida e da Pastoral

É, pois, no contato eclesial com a Palavra de Deus que o discípulo missionário, permanecendo fiel, vai encontrar forças para atravessar um período histórico de pluralismo e grandes incertezas. Bombardeado a todo o momento por questões que lhe desafiam a fé, a ética e a esperança, o discípulo missionário precisa estar de tal modo familiarizado com a Palavra de Deus e com o Deus da Palavra que, mesmo abalado pelas pressões, continue solidamente firmado em Cristo Jesus e, por seu testemunho, converta os corações que o questionam (At 16,16-34).[13]

53. O cristão que vive no âmbito universitário precisa crescer em uma visão mais madura da Sagrada Escritura, entendida a partir do contexto histórico-social em que foi escrita, para compreender a linguagem utilizada na construção dos textos e o sentido último que querem oferecer ao leitor. Contudo, deve-se cuidar para que o

---

[13] CNBB. *Diretrizes gerais da ação evangelizadora da Igreja no Brasil, 2011-2015*, n. 47.

contato com a Palavra de Deus não perca sua dimensão sagrada, ao encontro de Cristo, restringindo-se a uma leitura social, política, literária, fenomenológica etc. A experiência com a Bíblia deve ser de iniciação ao mistério, como um caminho de revelação. É preciso valorizar a escuta e o silêncio para que se possa escutar a voz de Cristo em meio a outras vozes.

54. Existem muitas formas de conhecer o texto bíblico, porém os bispos, nas *Diretrizes Gerais da Ação Evangelizadora da Igreja no Brasil*, salientam que esse conhecimento acontece dentro da comunidade eclesial e tem seu momento privilegiado na Liturgia, estando em íntima conexão com a oração.[14]

Igreja: comunidade de comunidades

O discípulo missionário de Jesus Cristo faz parte do Povo de Deus (cf. 1Pd 2,9-10; LG, n. 9) e necessariamente vive sua fé em comunidade. "A dimensão comunitária é intrínseca ao mistério e à realidade da Igreja, que deve refletir a Santíssima Trindade". Sem vida em comunidade, não há como efetivamente viver a proposta cristã, isto é, o Reino de Deus. A comunidade acolhe, forma e transforma, envia em missão, restaura, celebra, adverte e sustenta.[15]

A busca sincera por Jesus Cristo faz surgir a correspondente busca por diversas formas de vida comunitária. Articuladas entre si, na partilha da fé e na missão, estas comunidades se unem, dando lugar a verdadeiras redes de comunidades.[16]

55. Em nosso contexto social fragmentado, no qual as pessoas frequentemente vivem com muita solidão, é importante perceber que a vida cristã acontece numa amizade, manifesta-se na vida em comunidade e explicita uma experiência de comunhão. O cristão no âmbito universitário é chamado a viver preferencialmente essa

---

[14] CNBB. *Diretrizes gerais da ação evangelizadora da Igreja no Brasil, 2011-2015,* nn. 50-55.
[15] CNBB. *Diretrizes gerais da ação evangelizadora da Igreja no Brasil, 2011-2015,* n. 56.
[16] CNBB. *Diretrizes gerais da ação evangelizadora da Igreja no Brasil, 2011-2015,* nn. 58, 94-96.

experiência de comunidade eclesial na universidade, participando da missão da Igreja nesse espaço.

56. Essa amizade, essa vida de comunidade, tem um valor pedagógico muito grande, pois é por meio dela que aprendemos que o cristianismo não é uma doutrina, mas uma experiência. O próprio aprofundamento doutrinal, tão fundamental à vida cristã na universidade, ganha um novo sentido e sabor quando vivido em comunidade.

57. Mas a comunidade cristã não é uma simples agregação humana, mas – enquanto parte da Igreja – é sacramento de Cristo. Quando participamos da comunidade cristã na universidade, não estamos participando de mais um grêmio estudantil, de mais uma associação de professores, ou coisa parecida. Estamos participando da própria presença de Cristo no mundo. Isso faz com que olhemos um ao outro de um modo diferente, que partilhemos a vida, que nos deixemos corrigir mutuamente, que nos ajudemos diante das dificuldades, que descubramos juntos a beleza da vida em todas as situações.

58. É fundamental sempre incentivar a construção de novas comunidades no âmbito universitário, com uma atenção pedagógica para que a comunidade cristã não se reduza a um "grupinho" fechado de amigos. O verdadeiro amigo é Cristo, e todos se descobrem amigos porque acolhem a amizade de Cristo em suas vidas. Por isso, a comunidade cristã não se realiza plenamente se não estiver em íntima comunhão com toda a Igreja. É esse vínculo que permite que ela seja aquilo que é. Por isso, uma preocupação particular de todos os cristãos que estão no ambiente universitário é viver uma real comunhão eclesial. A Igreja, em seu conjunto, é o lugar de onde brota a realização pessoal e o exercício dos dons e carismas dos diferentes movimentos e comunidades.

59. Para implementar essa experiência de comunidade, é fundamental que os discípulos missionários já vivam uma amizade entre si – que já sejam uma comunidade. A possibilidade de uma proposta de Pastoral Universitária crescer é muito maior se existe uma comunidade cristã forte entre aqueles que estão no início da caminhada. Além disso, quem acompanha os jovens, ou mesmo os professores universitários, deve ter disponibilidade de tempo para estar junto, cultivar os laços de amizade, fazer coisas juntos etc. Muitas propostas de Pastoral Universitária não têm prosseguimento porque os responsáveis são pessoas brilhantes, mas muito ocupadas e dedicadas a suas demais funções na universidade, sem disponibilidade para esse trabalho de cultivar relacionamentos. Em outros casos, a burocracia da própria universidade consome o esforço dos agentes de Pastoral Universitária, dificultando o cultivo dessa amizade. Não é um mero trabalho profissional, mesmo se desempenhado por profissionais, mas o lugar onde Cristo nos alcança, por meio da amizade com esses jovens e/ou com esses professores.

60. Deve-se ter em mente, ainda, que "para uma Igreja comunidade de comunidades, é imprescindível o empenho por uma efetiva participação de todos nos destinos da comunidade, pela diversidade de carismas, serviços e ministérios".[17] E que sempre será uma comunidade aberta a todos pelo anúncio e testemunho para que outros possam conhecer e participar da riqueza do Evangelho.

Igreja: a serviço da Vida plena para todos

> A Igreja no Brasil [...] proclama com vigor que "as condições de vida de muitos abandonados, excluídos e ignorados em sua miséria e dor, contradizem o projeto do Pai e desafiam os discípulos missionários a maior compromisso a favor da cultura da vida". Ao longo de uma história de solidariedade e compromisso com as incontáveis vítimas das inúmeras formas de destruição da vida, a Igreja se reconhece servidora do Deus da Vida. A nova época que, pela graça deste mesmo Deus, haverá de surgir precisa ser marcada pelo amor e pela valorização da vida, em todas as suas dimensões. A omissão diante de tal desafio será cobrada por Deus e pela história futura.[18]

---

[17] CELAM. *Documento de Aparecida*, n. 162 e CNBB. *Diretrizes gerais da ação evangelizadora da Igreja no Brasil, 2011-2015*, n. 104.

[18] CNBB. *Diretrizes gerais da ação evangelizadora da Igreja no Brasil, 2011-2015*, n. 66.

Consciente de que precisa enfrentar as urgências que decorrem da miséria e da exclusão, o discípulo missionário também sabe que não pode restringir sua solidariedade ao gesto imediato da doação caritativa. Embora importante e mesmo indispensável, a doação imediata do necessário à sobrevivência não abrange a totalidade da opção pelos pobres. Antes de tudo, esta implica convívio, relacionamento fraterno, atenção, escuta, acompanhamento nas dificuldades, buscando, a partir dos próprios pobres, a mudança de sua situação. Os pobres e excluídos são sujeitos da evangelização e da promoção humana integral.[19]

61. Muitas vezes, os cristãos entendem mal o verdadeiro sentido da caridade, associando-a ao assistencialismo e à falta de compromisso político. Nada mais falso! A caridade é o amor verdadeiro que nos vem de Deus e tem como características marcantes a gratuidade (não espera nada em troca) e a universalidade (não se direciona a algumas pessoas apenas; estende-se a todos, sem exceção). Por isso, ela não se realiza plenamente sem a sua dimensão de compromisso com o bem comum, com a justiça e a vida plena para todos. A vida cristã implica crescer na caridade, na capacidade de amor e doação ao próximo – assumindo as implicações sociais e políticas desse compromisso. É importante que qualquer experiência de Pastoral Universitária proponha o engajamento social, as ações de voluntariado e a luta pela construção de uma sociedade mais justa e mais humana.

62. Nessa perspectiva, é importante salientar que:
- A caridade corresponde à natureza humana, apesar de nossa cultura fazer-nos pensar que somos apenas individualistas e egoístas. Por isso, as ações de voluntariado são tão gratificantes. No contexto eclesial, o ato de doar-se ao outro não se esgota aí, vai além, coincidindo cada vez mais com a descoberta do amor de Cristo em nós e por nós.

---

[19] CNBB. *Diretrizes gerais da ação evangelizadora da Igreja no Brasil, 2011-2015*, n. 71.

- Deve-se ter uma grande atenção com o aspecto da gratuidade inerente ao trabalho social. Muitas vezes, o medo do assistencialismo levou a uma preocupação inadequada com o projeto ideológico que embasava a ação. Essa ideologização do trabalho social entre os universitários cristãos muitas vezes sufocou a caridade, e até mesmo comprometeu a luta pelo bem comum, sacrificada em nome da luta pelo poder e das querelas ideológicas.
- A melhor forma de combater o assistencialismo é vincular-se, na realização dessas atividades, a instituições e grupos que realizam um trabalho sério e bem estruturado, mas que não perdem de vista o horizonte da caridade cristã. A maturidade dessas ações ajuda as pessoas a terem um compromisso social, sem ignorarem todas as dimensões de seu trabalho.
- À medida que se desenvolve, todo trabalho social em prol de uma vida plena para todos tende a ter implicações políticas. Isso não quer dizer compromisso ideológico ou partidário, mas simplesmente o reconhecimento das consequências do trabalho em uma sociedade injusta e desigual. Por isso, a Igreja – que nunca deve se identificar com grupos políticos-ideológicos – "reconhece a importância da atuação no mundo da política e assim incentiva os leigos e leigas à participação ativa e efetiva nos diversos setores diretamente voltados para a construção de um mundo mais justo, fraterno e solidário".[20] Nesse sentido, um justo engajamento no campo social implica tanto um trabalho prático com aqueles que sofrem e enfrentam dificuldades quanto o aprofundamento conceitual da doutrina social da Igreja.

---

[20] CNBB. *Diretrizes gerais da ação evangelizadora da Igreja no Brasil, 2011-2015* n. 71. Cf. também PAULO VI. *Lumen gentium*, n. 35; JOÃO PAULO II. *Christifideles Laici*, n. 3; BENTO XVI. *Deus caritas est*, n. 28; CELAM. *Documento de Aparecida*, nn. 99f, 100c, 210.

Capítulo III

ORIENTAÇÕES GERAIS E PISTAS PARA UM TRABALHO DE PASTORAL UNIVERSITÁRIA

Orientações gerais

63. A Pastoral Universitária nas Instituições de Ensino Superior – sejam elas comunitárias confessionais ou não, privadas ou públicas – pode acontecer de muitas formas, mas se realiza plenamente, de forma madura, na medida em que forma comunidades cristãs que testemunham sua fé e realizam o diálogo entre fé e cultura no âmbito universitário.

A Pastoral Universitária precisa estar articulada com:
- A Igreja local, por meio de seu bispo, que a orienta e incentiva, e de sua inserção no plano de pastoral diocesano.
- Outras experiências eclesiais envolvendo o âmbito universitário existente nas cidades, dioceses e região.
- Iniciativas já presentes dentro da própria Instituição de Ensino Superior, com seus projetos de ensino, pesquisa e extensão.
- Outras ações evangelizadoras presentes nas cidades próximas e no regional.

Isso despertará o sentido de pertença à comunidade eclesial universitária como lugar privilegiado de realização pessoal e de exercício de dons e carismas nos diversos segmentos e movimentos que atuam no meio universitário, já que a Pastoral diocesana deve articular e estimular essas diferentes experiências.

A Pastoral Universitária precisa ser realizada com os próprios estudantes, professores e funcionários inseridos na IES. Para isso, podem-se reunir:
- Grupos de jovens que, nas aulas, possam, pelo caminho da amizade, com seu testemunho de vida e convicção, incentivar e atrair os alunos para participar das atividades da Pastoral e na vivência dos valores do Evangelho, pois quem melhor evangeliza um universitário é outro universitário.
- Grupos de professores, pois são os primeiros agentes de pastoral, testemunhando a alegria do encontro com Cristo, transmitindo a seus alunos e colegas os valores do Evangelho, durante suas aulas e em suas atividades acadêmicas.
- Grupos de funcionários que com seu trabalho e serviço à comunidade testemunham os valores da familiaridade e da acolhida, sinais do Amor de Deus.

A Pastoral Universitária deve promover suas linhas de ação a partir das urgências e perspectivas das *Diretrizes Gerais da Ação Evangelizadora da Igreja no Brasil*:
- Acompanhando e alimentando a fé, os valores e as convicções, nesta etapa de estudo e formação acadêmica, em vista de dúvidas e questionamentos (não resolvidos na catequese ou na iniciação à vida cristã), provocados pelo aprofundamento no conhecimento e pela autonomia e a liberdade conquistadas.
- Estimulando uma espiritualidade que, alicerçada na Palavra de Deus, aprofunde e fomente, nos membros da comunidade acadêmica, o encontro pessoal com Cristo nos desafios do cotidiano.
- Incentivando o diálogo aberto de ciência, razão e fé, para que a universidade viva o estado permanente da sua missão de busca de verdade e sabedoria, ajudando a amadurecer uma fé que não dispense a razão de pensar, e uma razão que não seja meramente instrumental, para que ambas nos

orientem ao sentido último da existência: fé e razão como duas asas que nos conduzem à Verdade.
- Fomentando a formação de pequenas comunidades de alunos, professores e funcionários para a partilha da Palavra, a formação, a oração, a celebração e a vivência da fé na universidade e na sociedade.

Pistas de ação

Quando não existe nenhuma iniciativa, sugere-se:
- Conhecer e mapear a realidade diocesana e regional.
- Identificar jovens e professores interessados que estejam nas IES. Podem ser contatados por meio de paróquias, movimentos e comunidades.
- Iniciar com alguma atividade de convite e motivação que seja do interesse dos alunos e/ou professores, que suscite sua atenção e desejo de participar, como: debates ("diálogos noturnos", Areópagos), cine fóruns, grupos de reflexão sobre um assunto que esteja sendo debatido na universidade, trabalhos voluntários e projetos sociais etc.
- Formar grupos de jovens, professores e colaboradores para constituir pequenas comunidades que orem, partilhem (grupos de revisão de vida ou de vivência da fé no dia a dia) e vivam o Evangelho na universidade (com ações e palavras) e ajudem a discutir os assuntos tratados nas aulas ou na sociedade à luz do Evangelho.

Oferecer atividades que englobem os três eixos da pastoral (espiritualidade, reflexão e ação social solidária ou socioeducacional) presentes em qualquer Pastoral Universitária, nas universidades públicas ou privadas:

1. Grupos de oração e ações diversas que favoreçam o cultivo da espiritualidade e o contato com a Palavra de Deus (leitura orante, laudes, sacramentos).

2. Reflexão: debates, cursos, grupos de reflexão e formação (integração estudo/fé).
3. Ação social: atividades que favoreçam a solidariedade, como missões, projetos sociais nas comunidades carentes próximas à IES, onde coloquem ao serviço da caridade e dos outros os conhecimentos apreendidos.

- Alocar recursos humanos e financeiros para a realização das atividades da Pastoral Universitária, principalmente naquelas instituições não católicas, que não contam com os recursos institucionais oferecidos pelas instituições católicas.
- Conhecer e visitar outras experiências consolidadas de Pastoral Universitária em outras realidades.

Se houver iniciativas de ação evangelizadora na universidade ou diocese:

- É fundamental que a Pastoral Universitária seja um espaço de unidade, serviço e estímulo às atividades já existentes. Nesta perspectiva, propõe-se:
- Estabelecer um articulador diocesano, que unifique e acompanhe essas experiências existentes na diocese, crie vínculos entre a diocese e o regional, mantenha comunicação com o Setor Universidades da CNBB, e preste assessoria para que os grupos assumam os três eixos da Pastoral de maneira integradora. Esse articulador tem um papel vital para o sucesso de toda a Pastoral. Deve ser capaz de estimular e apoiar as atividades já existentes, sem impor, mas orientando; além de criar novas atividades e zelar pela unidade na pluralidade.
- Articular, numa perspectiva de serviço, e não de imposição, as iniciativas existentes de movimentos e/ou grupos de professores e alunos.
- Realizar atividades conjuntas que deem visibilidade a esses grupos (frequentemente dispersos nas IES e desconhecidos entre si).

- Aproveitar os Congressos diocesanos e regionais, os quais podem ser boas oportunidades para trocar experiências, avançar nas iniciativas locais e na articulação local e regional.
- Apoiar a mobilização diocesana e regional que desembocará nos encontros nacionais (Encontro Brasileiro de Universitários Cristãos – EBRUC) e mundiais (Jornada Mundial da Juventude e Congresso Mundial de Universidades Católicas) no ano de 2013.

Capítulo IV

O SETOR UNIVERSIDADES DA CNBB

O Setor Universidades da CNBB está subordinado à Comissão Episcopal para a Educação e a Cultura.[1] Busca ser um espaço de diálogo, comunicação e articulação que dinamiza a ação evangelizadora no meio universitário junto às dioceses e regionais. Vem dedicando-se, sobretudo, à formação de jovens colaboradores e professores (consultores), à articulação com os regionais e a estabelecer uma rede de comunicação entre as dioceses e as universidades nos regionais. A formação e a capacitação são realizadas através dos subsídios e congressos (encontros diocesanos e regionais e assessorias), bem como da comunicação (redes sociais, projeto de universitários cristãos).

Colaboraram na redação deste documento, dentre os muitos grupos que atuam na universidade em diálogo com o Setor Universidades: Pastorais das Universidades Católicas (PUC Minas; PUC Paraná; PUC Rio Grande do Sul; PUC Campinas; PUC São Paulo); Pastorais diocesanas (Salvador e Cascavel); Paróquias Universitárias (PUC Goiás); e Movimentos eclesiais presentes nas Universidades (Comunhão e Libertação; Universidades Renovadas – RCC/MUR, Schoenstatt, Focolares e Emaús).

---

[1] Você pode acompanhar o Setor Universidades no *site* <www.universitarioscristaos.com.br> e pelo Facebook <www.facebook.com/universitarioscristaos>.

Atribuições do Setor Universidades

- Promover a ação evangelizadora no meio universitário, pela valorização da pessoa e pelo fortalecimento da vida de comunhão, favorecendo o anúncio de Jesus Cristo e o atendimento pastoral de alunos, professores, funcionários e familiares.
- Articular a revitalização desse aspecto da evangelização e da pastoral, em colaboração com os regionais e as dioceses, com as instituições católicas de Ensino Superior e com as congregações religiosas, institutos e movimentos eclesiais que atuam no meio universitário.
- Articular iniciativas que fortaleçam a missão autêntica das próprias Instituições de Ensino Superior com a sociedade, bem como políticas que promovam a inclusão dos jovens no mundo acadêmico.
- Promover a elaboração participativa, a consolidação e os desdobramentos pastorais das linhas gerais da ação evangelizadora no meio universitário, promovendo a articulação e a comunhão entre os diferentes segmentos que atuam nesse meio.
- Fomentar, em cooperação com o setor específico da comissão, o diálogo entre ciência, fé e cultura.
- Buscar o resgate da experiência histórica da presença profética e pastoral da Igreja nesse meio.

ÍNDICE

5 Apresentação
7 Introdução
9 O que é a Pastoral Universitária? O que pretende?
10 Objetivos específicos da Pastoral Universitária

13 **Capítulo I**
**DISCÍPULOS MISSIONÁRIOS
NO ÂMBITO UNIVERSITÁRIO**

16 O discípulo missionário nasce do encontro
com Jesus Cristo
18 O discípulo missionário
acolhe os questionamentos e as dúvidas
19 O discípulo missionário dá testemunho
no diálogo com o outro
20 O discípulo missionário busca o diálogo
e a convergência entre fé e razão
23 O discípulo missionário faz a experiência da oração e participa dos sacramentos
26 O discípulo missionário vive a dimensão ecumênica

29 **Capítulo II**
**URGÊNCIAS E PERSPECTIVAS PARA A AÇÃO
EVANGELIZADORA NO ÂMBITO UNIVERSITÁRIO**

29 Igreja em estado permanente de missão
31 Igreja: casa da iniciação à vida cristã

33 Igreja: lugar de animação bíblica da vida e da Pastoral
34 Igreja: comunidade de comunidades
36 Igreja: a serviço da Vida plena para todos

39 **Capítulo III**
ORIENTAÇÕES GERAIS E PISTAS
PARA UM TRABALHO
DE PASTORAL UNIVERSITÁRIA

39 Orientações gerais
41 Pistas de ação

45 **Capítulo IV**
O SETOR UNIVERSIDADES DA CNBB

46 Atribuições do Setor Universidades